Philippine MADUMA
Charles-Moise MADUMA

GUIDE POUR LE PARRAINAGE

Cover image: www.ingimage.com

Publisher:
Éditions Croix du Salut
is a trademark of
Dodo Books Indian Ocean Ltd. and OmniScriptum S.R.L publishing group

120 High Road, East Finchley, London, N2 9ED, United Kingdom
Str. Armeneasca 28/1, office 1, Chisinau MD-2012, Republic of Moldova, Europe
Printed at: see last page
ISBN: 978-620-6-16966-6

Philippine MADUMA
Charles-Moise MADUMA

GUIDE POUR LE PARRAINAGE

Réussir le choix des parrains

Éditions Croix du Salut

Imprint

Cover image: www.ingimage.com

Publisher:
Éditions Croix du Salut
is a trademark of
Dodo Books Indian Ocean Ltd. and OmniScriptum S.R.L publishing group

120 High Road, East Finchley, London, N2 9ED, United Kingdom
Str. Armeneasca 28/1, office 1, Chisinau MD-2012, Republic of Moldova, Europe
Printed at: see last page
ISBN: 978-620-6-16966-6

Couple Philippine et Charles-Moise MADUMA

GUIDE POUR LE PARRAINAGE

Réussir le choix des parrains

Table des matières

DEDICACE

Philippine LUSAMBULU MADUMA et Charles Moise MADUMA dédient ce livre :
A tous ceux qui s'intéressent au service de parrainage,

Aux membres de l'église CEC N'DJILI, du FULL GOSPEL et d'autres chrétiens qui les ont accompagnés aux conférences sur les couples,

A leurs biens aimés fils STYVEN et ERASTE pour l'affection et le soutient,

Aux filleuls et enfants dans la foi, belles sœurs et beaux-frères qui les ont encouragés et motivés à écrire ce livre,

Particulièrement au Docteur SITA LUEMBA Dieudonné qui a préfacé ce livre et au professeur BENA qui en a eu l'intention,

A tous ceux qui ont apporté de leurs compétences à la rédaction du présent ouvrage.

Merci de tout cœur !

PREFACE

A l'approche du mariage, les jeunes fiancés sollicitent certains couples pour qu'ils deviennent les parrains de leur future union.

Il y a de plus en plus, des jeunes garçons et filles qui choisissent souvent, comme parrain des couples qui ont une aisance financière pour le soutien de certaines dépenses liées à l'organisation du mariage.

Et pourtant la qualité des parrains choisis a un impact réel sur l'harmonie du couple uni par lien du mariage. D'où l'importance de connaitre et comprendre, entre autres, le rôle des parrains, critères pour le choix, etc.

Ce livre du couple Philippine et Charles-Moise MADUMA intitulée «Guide pour le Parrainage», les auteurs ont défini le parrainage, ont souligné son importance, décrit le rôle et les devoirs des parrains envers les filleuls et les obligations des filleuls vis -à- vis des parrains. C'est le contenu du premier chapitre.

Dans le deuxième chapitre, les auteurs ont ensuite parlé longuement de l'harmonie conjugale qui reste le but vers lequel les parrains doivent conduire leurs filleuls.

La lecture de ce livre est vivement recommandée aux jeunes qui aspirent au mariage avec l'idée noble de bâtir des mariages harmonieux. Mais aussi les personnes mariées, préoccupées à conseiller leurs propres enfants ou d'autres jeunes qui sont en contact avec eux, trouveront dans le contenu de ce livre des riches instructions.

Le mariage est un grand projet de vie. Une des préalables pour réussir c'est la préparation au mariage. Savoir choisir les parrains efficaces est un élément essentiel pour bâtir un foyer harmonieux. Ce livre aide dans le choix de bons parrains. Lisez-le et favorisez sa contribution à travers le monde.

Révérend Docteur Dieudonné SITA LUEMBA
Pasteur et écrivain

INTRODUCTION

Les jeunes couples fiancés (futurs mariés) doivent contacter les couples qui ont un bon témoignage, une expérience positive dans la vie commune (mariage) et une maturité spirituelle pour les solliciter au parrainage. Malheureusement, dans notre société où la pauvreté prend de l'ampleur, la jeunesse est plus attirée vers les personnes qui sont bien assises financièrement.

Plusieurs couples fiancés ou nouvellement mariés sont abandonnés à eux-mêmes et se retrouvent en difficulté faute d'encadrement approprié. C'est la cause de rupture de plusieurs fiançailles ou divorces.

Beaucoup de gens acceptent le parrainage mais manquent de matière qu'il faut pour encadrer les filleuls. Voilà pourquoi nous avons élaboré ce support pour aider les parrains de mariage.

Le thème central qui est exploité dans cet ouvrage est l'harmonie conjugale. Depuis la création, Dieu a voulu que l'homme et la femme vivent dans une parfaite harmonie.

La bible déclare que : d'homme quittera son père et sa mère, s'attachera à sa femme, et ils deviendront une seule chair[1]». Nous avons souhaité parler des

[1] Genèse 2 :24

couples chrétiens ou de mariage chrétien c'est-à-dire mariage entre deux personnes qui appartiennent à Jésus-Christ qui est l'image de l'église.

Cet ouvrage n'est qu'une compilation de plusieurs enseignements et conférences bibliques auxquels nous avons assisté soit comme auditeurs, soit comme intervenants ou animateurs.

CHAPITRE I : LE PARRAINAGE

Dans ce chapitre, il sera question de poser les jalons pour mieux comprendre le mot parrainage. Ainsi nous allons définir ce concept, donner l'importance du parrainage, les rôles et les devoirs des parrains envers les filleuls, des conditions nécessaires pour être parrain, en chutant par les obligations des filleuls vis-à-vis de leurs parrains.

I.1 Définition

Le parrainage est un service qui doit être effectué par deux personnes ; le parrain ou la marraine, ou un engagement à soutenir ou accompagner les futurs mariés (Filleul et filleule) à réussir leur promesse de la vie commune où ils doivent vivre dans le même toit.

Il est toutefois important de soulever que certains couples ont reçu e parrainage comme un fardeau de la part de Dieu, et sont appelés d'exercer le ministère d'encadrer les couples en vue de former des familles heureuses et harmonieuse.

I.2 L'Importance du Parrainage

A l'approche du mariage, les jeunes fiancés sollicitent un couple qu'ils apprécient, respecte et désire Imiter pour qu'il devienne parrain de leur future union. Il est sans parti pris pour l'un ou l'autre partenaire du couple.

Dans ce cas, il est honorable et respectable de choisir quelqu'un avec qui on a des rapports forts d'amitié ou de respect. D'où la stabilité, la croissance et la qualité de la relation du couple asse aussi par le choix des parrains.

Les jeunes fiancés doit implorer la grâce du Seigneur afin de choisir un couple exemplaire pour les parrainer, non poussés par les émotions et les sentiments, mais en toute sagesse et intelligence spirituelle.

Le couple parrain témoignera ou partagera leur expérience de la vie d'ensemble qui servira d'enseignements aux futurs mariés.

Les jeunes fiancés auront alors un bagage d'information qui leur permettra d'aborder le mariage sans beaucoup de difficultés.

1.3 Rôle et devoirs des parrains envers les filleuls.

1.3.1 Rôle

Les parrains jouent le rôle d'intermédiaire entre les parents biologiques ou tuteurs et le couple fiancé (ou marié). Ils peuvent parler de l'intimité conjugale sans gène c'est-à-dire les rapports sexuels, le bain intime... et gérer certains différends que les parents biologiques ne peuvent pas régler.

Le parrainage revêt le rôle de gardien de la solidité et de l'établissement du couple. Ce rôle exigerait de lui (le parrainage) de l'expérience dans la vie du couple pour pouvoir en tirer les enseignements à partager avec le nouveau couple.

1.3.2 Les devoirs des parrains envers les filleuls

Comme dans la plupart de cas, le parrainage ne nous offre pas seulement des privilèges mais aussi des obligations que nous devons assumer.

Et voici les devoirs majeurs des parrains vis-à-vis de leurs filleuls :

- Être témoin de l'échange de consentement du mariage ;

- Veiller à ce que le couple conserve et développe la vie commune par un rapprochement remarquable c'est-à-dire des visites régulières, en organisant des retraites spirituelles et des excursions (activités récréatives) ;

- Aider les filleuls à respecter leur promesse de mariage en leur joignant des couples modèles et ainés, par des échanges d'expérience ;

- Être à mesure de résoudre tous les problèmes des filleuls tant que c'est possible;

- Accorder une aide spirituelle aux filleuls c'est à-dire leur enseigner ou rappeler les principes du mariage chrétien et les devoirs conjugaux.

1.4 Conditions pour être Parrain

Le parrainage étant un service noble, il est important avant son exercice de remplir certaines conditions au préalable. Ainsi pour être parrain, il faut :

- Avoir une maturité spirituelle c'est-à-dire une certaine connaissance assez approfondie de la vie chrétienne ;

- Avoir un niveau intellectuel minimum et moral approuvé ;
- Être marié selon les us coutumes ;

- Connaître la doctrine de l'église des filleuls pour renforcer la communion fraternelle c'est à-dire une communication facile,

- Accepter d'être encadreur des futurs mariés;

- N'avoir aucune relation filiale avec l'un des conjoints, tant que c'est possible ;

- Etre désigné par les fiancés ou un ministre de Dieu ayant un bon témoignage de la vie de couple.

I.5 Obligations des filleules vis-à-vis des parrains

Le couple fiancé a aussi certains engagements envers les personnes choisies comme parrains que voici :

- Les filleuls sont obligés d'accepter les parrains comme leurs propres parents biologiques ;

- Témoigner du respect et de la soumission à leur égard pour la bonne conduite du mariage. Ceci provoque le désir de se visiter régulièrement pour se connaitre d'avantage ;

- Ne pas les critiquer à leur absence. Ceci est un manque de considération qui fragilise les relations parrains filleuls ;

- Faire preuve d'humilité comme cela est exigé devant les parents biologiques ;

- Associer les parrains a tout problème qui risque de compromettre la stabilité du mariage.

NB : un bon filleul est celui qui n'a pas de secrets conjugaux envers ses parrains. Voilà pourquoi il est très important pour les filleuls a bien choisir, dans la prière leurs parrains.

Chapitre II : HARMONIE CONJUGALE

II.1 Généralités

« Ils deviendront une seule chair».

D'après le dictionnaire hachette : un couple est en harmonie lorsqu'il est heureux et vit dans une bonne entente.

D'après René LAFRAMBOISE, un couple est en harmonie lorsqu'il est épanoui, vit une bonne entente unique, une complicité particulière.

Un couple heureux est celui qui vit dans les relations harmonieuses. Le couple chrétien est appelé à vivre dans l'harmonie, c'est-à-dire dans l'entente, la joie, l'unité et le bonheur.

Dieu est le créateur de l'univers et l'instituteur du mariage. C'est le mariage qui forme le foyer ou la famille[2], « c'est pourquoi l'homme quittera son père et sa mère, et s'attachera à sa femme. Dieu créa l'homme à son image, il le créa à l'image de Dieu, il créa l'homme et la femme[3]. Non seulement Dieu créa l'homme et la femme à son image mais l'unité dans le couple aussi est l'image de Dieu.

---

[2] Genèse 2 :24

[3] Genèse 1 :27

Quand Dieu voit l'homme et la femme ensemble cela reflète son image. Dieu étant invisible, on peut le voir dans un couple car il y a l'amour (Dieu est amour). L'Eternel Dieu dit : il n'est pas bon que l'homme soit seul ; je lui ferai une aide semblable à lui[4].

Le mariage étant important, Dieu donne un long congé pour permettre au couple de se découvrir, le livre de Deutéronome stipule que : Lorsqu'un homme sera nouvellement marié, il n'ira point à l'armée, et on ne lui imposera aucune charge ; il sera exempté par raison de famille pendant un an, et il réjouira la femme qu'il a prise[5]. Cela, afin que l'homme ne cherche non seulement son bonheur mais celui de sa femme. C'est pourquoi un mariage réussi se prépare.

La construction d'une maison exige une préparation sereine. Jésus- christ a dit : lequel d'entre vous qui veut bâtir une tour ne s'assied d'abord pour calculer la dépense et voir s'il a de quoi la terminer[6] ? Ce qui est vrai, si pour bâtir une maison, il y a des exigences, il en est de même lorsqu'il s'agit de construire un mariage réussi.

Nous devons savoir que la construction d'une maison est coûteuse mais son entretien à long terme l'est aussi. C'est la même chose pour le

---

[4] Genèse 2 :18

[5] Deutéronome 24 :5

[6] Luc 14 :28

mariage. Se marier semble déjà un défi, néanmoins il faut également penser au maintien du lien conjugal chaque jour.

Il faut de la maturité pour tenir cet engagement. Cet engagement étant une institution établie par Dieu pour l'épanouissement complet de l'homme, et de la femme.

Le livre de Genèse dit : « l'Eternel Dieu forma une femme de la cote qu'il avait prise de l'homme, et il l'amena vers l'homme. Et l'homme dit : voici cette fois celle qui est os de mes os et chair de ma chair ! On l'appellera femme, parce qu'elle a été prise de l'homme. C'est pourquoi l'homme quittera son père Et sa mère s'attachera à sa femme, et ils deviendront une seule chair[7] ».

Adam dit que voici cette fois celle qui est os de mes os, parce qu'autre fois l'homme vivait seul mais quand il a vu son semblable tiré de sa côte, il l'a considérée comme lui-même. Le verset 24, nous montre que s'attacher à sa femme ou à son mari cela veut dire se coller, se souder, se lier par une corde et on devient un seul corps.

Une seule chair = union physique = l'union de l'âme.

[7] Genèse 2 :22-24

Un vrai mariage, c'est la fusion totale de deux êtres et aussi un engagement total de deux personnes par une vie commune.

Toute personne qui se marie, espère être heureuse dans son foyer, c'est pourquoi il lui faut un choix judicieux. Ainsi, celui qui échoue dans son foyer, échoue dans tout pour Dieu c'est-à-dire que Dieu en instituant le mariage, il y accorde une grande importance.

C'est pourquoi Dieu a demandé qu'on donne à l'homme nouvellement marié un long congé pour chercher non seulement son bonheur mais celui de sa femme[8]. Quand Dieu voit l'homme et la femme (qu'il a créé à son image) ensemble, cela reflète son image.

Dieu étant invisible, on sait le voir dans un foyer où il y'a l'amour, la joie, la paix, c'est pour cette raison que l'homme doit d'abord faire de son mieux pour gérer sa maison comme il faut, avant de pouvoir gérer les autres[9].

La famille est donc un centre d'entrainement, d'apprentissage, d'expérimentation de bonnes œuvres. Le foyer est le lieu où l'on doit être plus heureux, lieu de repos. La vraie spiritualité de

[8] Deutéronome 24 :5

[9] 1 Timothée 3 :4-5 ; 1 Timothée 5 :8

quelqu'un se manifeste par la façon dont il vit dans son foyer.

Le succès dans le foyer, est le succès dans le ministère. Derrière un grand homme dit-on il y'a une grande dame et vice versa. L'un des aspects de la maturité spirituelle est la manière dont on gère son foyer.

II.2 Les deux éléments importants qui règlementent la vie du couple épanoui ou en harmonie selon l'intention de Dieu.

Les couples chrétiens devraient être ceux où le mari et la femme sont les plus heureux de tous les couples c'est-à-dire ou règneraient le climat d'harmonie, de bonne entente et une complicité particulière.

Mais hélas on constate que ces couples se retrouvent avec les mêmes problèmes que les couples non croyants et ils en ont d'autres plus graves encore. Certains croient que le couple heureux est celui qui est beau, en bonne santé ou riche.

Mais les saintes écritures nous disent : « Mieux vaut un morceau de pain sec, avec la paix, qu'une maison pleine de viandes, avec des querelles[10]. » et l'épitre de Jacques, nous éclaire d'avantage en

[10] Proverbes 17 :1

disant : « Car là où il y a un zèle amer et un esprit de dispute, il y a du désordre et toutes sortes de mauvaises actions[11]. »

La cause principale des problèmes au sein du couple est due à la mauvaise interprétation des écritures sur la soumission de la femme et l'autorité du mari chef de la femme dans la plupart de cas.

L'épitre de Paul aux Ephésiens écrit : « Femmes, soyez soumises à vos maris, comme au seigneur, Car le mari est le chef de la femme, comme christ est le chef de l'Eglise, qui est son corps, et dont il est le Sauveur[12]. »

Si nous comprenons la parole avec l'intention de Dieu nous ne tomberons pas dans les abus. L'intention ou le plan de Dieu était que l'homme et la femme vivent dans l'AMOUR et le RESPECT basés sur l'égalité des valeurs de chacun.

Le livre des Galates nous montre qu'il n'y a plus ni juif ni grec, il n'y a plus ni esclave ni libre, il n'y a plus ni homme ni femme, car vous tous, vous êtes un en christ- Jésus[13].

Et le livre des origines qui est Genèse, nous explicite en disant : « Voici le livre de la postérité d'Adam. Le jour où DIEU créa Adam, il le fit à la

[11] Jacques 3 :16-17
[12] Ephésiens 5 :22-23
[13] Galates 3 :28

ressemblance de Dieu. Homme et femme il les créa, il les bénit et les appela du nom d'Homme, au moment où ils furent créés[14]. »

D'après ces textes bibliques, les deux sont créés à l'image de Dieu et portent le nom d'Homme. Cela veut dire, être humain ou genre humain les deux sont donc égaux en valeur et aucun n'est inférieur à l'autre.

II.2.1 L'Amour

D'après Robert, c'est un sentiment intense et agréable qui incite les êtres à s'unir. L'évangile de Jean dit : « car Dieu a tant aimé le monde qu'il a donné son fils unique afin que quiconque croit en lui ne périsse point mais qu'il ait la vie éternelle[15] ». Dans cette écriture, nous voyons la majesté de l'amour, l'amour de Dieu en particulier.

Dieu étant amour, il nous l'a témoigné par le don, de son fils Jésus-Christ. Nous devons parvenir à la pleine stature de cette personne. Et pendant que nous grandissons, il y a la croissance de cet amour. Bref l'amour est un élan du cœur d'une personne vers ce qui l'attire et le retient. En grec, on distingue plusieurs sortes d'amour :

- EROS : amour sexuel

[14] Genèse 5 :1-2

[15] Jean 3 :16

C'est l'attraction sexuelle, amour sensuel que deux personnes de sexe différent éprouvent l'une pour l'autre.

- Amour familial

C'est l'amour entre les membres d'une même famille.

- PHILEO : amour fraternel

C'est l'affection chaleureuse et personnelle pour quelqu'un, le genre d'amour existant entre les amis intimes.

L'évangile de Jean stipule que : « Les sœurs de Lazard envoyèrent dire à Jésus : Seigneur, voici, celui que tu aimes est malade ».

Naturellement, mari et femme doivent cultiver ces trois sortes d'amour, mais il existe un quatrième plus important que les autres c'est :

- AGAPAO : amour spirituel ou amour divin

Cet amour est un souci désintéressé et inconditionnel de faire à autrui ce qui est juste et bon selon Dieu.

Un tel amour aide les conjoints à suivre ces conseils bibliques dans Colossiens qui dit : « Supportez-vous les uns les autres, et, si l'un a sujet de se plaindre de l'autre, pardonnez-vous réciproquement. De même que Christ vous a pardonné, pardonnez-vous aussi[16] ».

Deux conjoints qui s'aiment, éprouvent et cultivent un Amour AGAPE intense l'un pour l'autre ne disparait jamais car l'amour couvre une multitude des péchés. Nous chrétiens, nous devons prier Dieu de nous aider à développer cette forme élevée d'amour qui est le fruit du Saint—Esprit[17]".

II.2.2 Le Respect

C'est une considération que l'on a pour quelqu'un que l'on aime. C'est aussi un sentiment qui pousse à accorder à quelqu'un de la considération à l'honorer.

La parole de Dieu conseille aux époux ce qui suit : « vous de mêmes maris, vivez chacun avec votre femme en reconnaissant que les femmes sont les êtres les plus faibles. Honorer-les comme les cohéritières de la grâce de la vie afin que rien ne fasse obstacle à vos prières[18]». C'est de cette façon qu'on doit honorer son conjoint ou sa conjointe.

Néanmoins, chacun respectera les points de vue et les choix de l'autre, tant que cela cadre avec les lois

---

[16] Colossiens 3 :13

[17] Romains 5 :5, Galates 5 :22

[18] 1 Pierre 3 :7

et les principes de Dieu. Comme nous dit la bible dans Philémon : « je n'ai rien voulu faire sans ton avis, afin que ton bienfait ne soit pas comme forcé, mais qu'il soit volontaire[19] ».

De plus, chacun devrait respecter la dignité de l'autre en ne faisant pas de lui l'objet de plaisanterie ou de commentaire humiliant en public ou en privé.

Ainsi donc, les deux éléments importants qui réglementent la vie du couple épanoui selon l'intention de Dieu sont : L'AMOUR qu'on cultive envers Dieu et l'un pour l'autre ainsi qu'un RESPECT mutuel.

Maintenant ayant compris les deux piliers clés d'un maria e heureux nous voulons lever l'équivoque qui existe entre la soumission de la femme et l'autorité du mari (chef de la femme).

II.3 La soumission de la femme et autorité de l'homme

II.3.1 La soumission de la femme

Selon l'épitre aux Ephésiens, la Femme est exhorté de développer une attitude de soumission à l'égard de son mari, comme au Seigneur[20]. Le rôle de la

[19] Philémon 1 :14

[20] Ephésiens 5 :21-22

femme est décrit par la SOUMISSION qui vient du verbe se soumettre : c'est se mettre sous la protection de son mari.

Cela ne veut pas dire se mettre sous la domination d'un homme mais sous la responsabilité de l'homme, sous la mission que christ a donnée à l'homme. La soumission n'est pas d'obéir sans rien dire, de garder le silence, d'être esclave, de ne pas prendre d'initiative, ni même d'obéir tout court.

Les hommes qui demandent cela doivent se repentir, car la femme est une personne à part entière. Le verset 21 de la même épitre et au même chapitre parle de la soumission mutuelle.

Dans la soumission mutuelle, les deux expriment leurs désirs et besoins ouvertement et honnêtement, coopérant pour rencontrer ces besoins et pour se soutenir, dans une belle complicité. La femme doit avoir un cœur soumis, cela veut dire reconnaitre la fonction du chef que Dieu a donnée à son mari, aider son mari à bien remplir son rôle de chef (responsable).

Quand une épouse aime son mari, le respecte, il aura la confiance nécessaire pour bien gérer le monde avec succès et vivre de façon responsable, bien bâtir sa maison, avoir un emploi et le garder, rester modéré, vivre selon la loi divine, dépenser l'argent sagement.

D'après Genèse : « L'Eternel Dieu dit : il n'est pas bon que l'homme soit seul ; je lui ferai une aide semblable à lui[21] ». Une bonne épouse ne se contente pas d'être soumise. Elle se force d'être vraiment une aide pour son mari, de soutenir ses décisions, tout en connaissant qu'il ne peut exercer seul sa fonction du chef.

Elle est aussi à l'image de la femme vertueuse dans Proverbes[22], celle qui fait preuve d'initiative, d'esprit créatif, elle n'est pas une petite qui doit tout attendre de son mari et le mari doit donner à sa femme le pouvoir de s'épanouir.

Que le mari soit croyant ou non, les écritures encouragent les femmes à aimer leurs maris, leurs enfants, à être saine d'esprit, pur des femmes travaillant à la maison, des femmes qui soient bonnes, qui se soumettent à leur propre mari afin qu'on ne parle pas du mal de la parole de Dieu. Bref la soumission c'est la réponse à l'amour que l'homme doit à sa femme[23].

II.3.2 L'autorité du mari (chef de la femme)

Dieu crée l'être humain, l'homme et la femme, tous deux égaux en valeur, et aucun n'est inférieur à l'autre (ils sont tous humains). Mais physiquement et psychologiquement ils sont différents.

[21] Genèse 2 :18

[22] Proverbes 31 :10-30

[23] 1 Pierre 3 :1-7

L'intention de Dieu dans la différence, c'est la complémentarité car nous avons des capacités qu'il faut pour mettre ensemble, pour nous compléter. La parole de Dieu exprime l'ordre de Dieu dans la création, il créa d'abord l'homme ensuite la femme[24].

« Adam exerce son autorité sur la nature et reçoit les ordres de Dieu, puis Dieu créa Eve[25] Dans cet ordre de création, il donne des fonctions différentes, le fait de mettre Adam en premier lieu dans le jardin peut indiquer une position de responsabilité, une sorte de droit d'ancienneté. L'homme a reçu la fonction de chef dès la création.

L'homme en tant que chef a le rôle de servir, il doit savoir qu'il n'est pas chef seul, car le Christ est le chef de tout Homme, c'est pourquoi l'homme doit se soumettre à Christ pour recevoir les instructions, afin d'exercer son rôle de chef de façon adéquate.

L'homme ne doit pas se croire supérieur à la femme mais il doit se mettre à genou devant Christ pour exercer son autorité envers la femme. L'homme doit savoir que son rôle de chef n'est pas un privilège mais une responsabilité : c'est de servir.
Ce service se fera dans l'amour, un amour semblable à celui de Christ pour son église. C'est

[24] 1 Corinthiens 11 :8-9
[25] Genèse 2 :15-20

pourquoi le rôle du chef, sa responsabilité et son autorité est d'aimer c'est-à-dire servir, nourrir, vêtir, prendre soin de sa femme comme son propre corps. C'est pourquoi l'homme doit travailler, avoir un revenu lui permettant de répondre aux exigences précitées.

Dieu n'a pas institué l'homme comme la tête de la femme pour la dominer, l'écraser, la soumettre à la dictature mais au contraire il doit l'aimer et l'honorer, car Jésus-Christ était humble de cœur.

La femme ne doit pas se sentir inférieure par rapport à l'homme, mais doit savoir que la fonction de l'homme comme étant la tête est le moyen voulu par Dieu pour protéger sa féminité et lui permettre de s'épanouir.

II.4 Les Secrets d'une vie Conjugale Epanouie

Le mariage étant un trésor caché qu'il faut chercher, pour y arriver, il faut creuser, fouiller. Une chose sûre est qu'il y a un secret pour qu'un mariage soit réussi.

Il faut admettre que dans notre culture, beaucoup de couple ne l'ont pas découvert. Dans quelques pays du monde, un mariage sur deux se solde (termine) par un divorce.
Beaucoup de couples dont le mariage ne s'est pas terminé par un divorce sont pourtant la proie des

circonstances très difficiles. Dans certains cas, il y a des tensions ouvertes, un manque d'harmonie qui perturbe tous ceux qui vivent sous le même toit c'est-à-dire les parents ou les enfants.

Dans d'autres cas, même si la situation apparait relativement calme en surface, il y a en dessous des déchirures douloureuses dues à l'amertume, au manque de pardon et à la rébellion. Tôt ou tard ces sentiments feront surface sous forme d'une dépression mentale ou émotionnelle dont la cause ne sera peut-être jamais clairement diagnostiquée.

Le mariage n'est pas seulement une relation horizontale mais aussi verticale l'homme et la femme, C'est alors que le comportement du couple manifestera la gloire de Dieu.

L'alliance conduit à une vie partagée et féconde. Celui qui entre dans le mariage ne cherche pas à retirer mais à donner. La femme arrive à dire que ma vie est en toi et l'homme peut aussi le dire à sa femme.

Car, le vrai mystère c'est de donner au lieu de recevoir. Pour une vie conjugale épanouie, la série des conduites suivantes est à observer :

- Dialoguer, le partage de ses désirs et savoir dire la vérité avec son partenaire sont très importants dans le couple car on ne peut pas se connaitre sans se communiquer. La rupture du dialogue crée des inquiétudes.

- Prendre l'engagement d'aimer la belle-famille quel que soit son comportement ou ses défaillances comportementales.

- Avoir la culture de passer du temps ensemble, la promenade) sans visiter les gens.

- Avoir un moment d'écoute mutuelle. Ecouter l'autre c'est apporter une considération vis à vis de l'autre. Le meilleur médicament qu'un psychiatre donne au patient est l'écoute. C'est pourquoi, quel que soit son attachement au service de Dieu, si on n'a pas de temps pour son foyer, précisément sa femme, on commet un péché contre Dieu. la parole de Dieu dit : « Si quelqu'un n'a pas soin des siens, et principalement de ceux de sa famille, il a renié la foi, et il est pire qu'un infidèle[26] »

- S'apprécier mutuellement c'est-à-dire qu'on a des qualités et des défauts. Le conjoint ou la conjointe doit faire un effort de surmonter les vices. Dire du bien à son partenaire, lui

[26] 1 Timothée 5 :8

faire des compliments sur tous les plans : habillement, coiffure, cuisine (repas), hospitalité etc... Bref encourager les bons actes posés.

- Pratiquer le pardon et la compassion. Pardon et merci sont deux petits mots mais ont de l'impact dans la vie communautaire surtout conjugale, car tout homme est faillible. Le pardon doit être accueilli promptement aussi tôt demander pour reprendre l'ambiance habituelle dans le couple.

- Gérer ensemble tout le revenu afin d'éviter les soupçons pour un couple qui travaille.

- Avoir l'habitude de rentrer à temps à la maison car celle-ci est le véritable lieu de repos.

- Savoir défendre sa femme ou son mari auprès des tiers (tels que belles familles, amis, collègues de service...)

- Se faire des surprises ; cadeau, cartes de vœux, voyage etc...

- Savoir dire la vérité et partager ses désirs avec son partenaire, être sincère et éviter l'hypocrisie.

- Prendre l'engagement sexuel et le respecter, ce dernier élément sera développé avec beaucoup de détails à cause de sa spécificité.

Chapitre III : LES RAPPORTS SEXUELS : INGREDIENT DE L'HARMONIE CONJUGALE

D'après le pasteur SITA LUEMBA les rapports sexuels sont l'un des moyens de communication dans le mariage. II y a différentes attitudes face à la sexualité. Nous en retenons trois qui sont les suivantes :

• Attitude érotique

C'est l'attitude qui considère que le sexe est au centre de la relation entre l'homme et la femme. Certains mariages sont fondés pour ce but, si bien que chacun cherche son désir personnel c'est-à-dire à atteindre l'orgasme.

• Attitude ascétique (relative à l'ascétisme)
Elle considère honteux tout ce qui touche à la sexualité c'est-à-dire que le sexe n'est pas spirituel.

• Attitude divine

Selon la bible, la sexualité revêt un rôle divin. Dieu n'a pas prévu un autre moyen par lequel on peut avoir des enfants.

Pour la bible, le rapport sexuel ne peut se faire que dans le mariage, comme la bible nous le souligne : « Ne vous privez pas l'un à l'autre, si ce n'est momentanément d'un commun accord, afin d'avoir du temps pour la prière ; puis retournez ensemble, de peur que Satan ne vous tente par votre incontinence[27]. » et l'épitre aux Hébreux renchérit : « que le mariage soit honoré de tous, et le lit conjugal exempt de souillure. Car Dieu jugera les débauchés et les adultères[28] ». Le cantique des cantiques exalte l'amour conjugal. Ce n'est pas un péché d'avoir le rapport sexuel car cela fait partie du besoin de l'organisme.

III.1 Importance de la sexualité

La sexualité est importante parce qu'elle permet :

III.1.1 La communion des époux

Dieu a voulu que l'acte sexuel soit un moyen pour contribuer à notre attachement intime et profond. Une seule chair dont parle la bible se vit dans le rapport sexuel, car la communion est égale au partage de l'intimité.

Il est important de comprendre que les rapports sexuels sont l'un des moyens de communication dans le mariage.

[27] 1 Corinthiens 7 :5

[28] Hébreux 13 :4

III.1.2 Expérimenter la joie

La sexualité c'est un moyen que Dieu nous a donné pour expérimenter la joie. Quand l'un des conjoints prive son partenaire le rapport sexuel, il commet un péché.

Salomon dans les livres de Proverbes dit : « Que ta source soit bénie, Et fais ta joie de la femme de ta jeunesse, Biche des amours, gazelle pleine de grâce. Sois en tout temps enivré de ses charmes, sans cesse épris de son amour[29]». Et finalement cantique des Cantiques, nous parle de la recherche du plaisir[30].

III.1.3 La procréation

La seule voie par laquelle Dieu permet la procréation c'est la sexualité, car il est écrit : « Dieu les bénit et Dieu leur dit : soyez féconds, multipliez-vous, remplissez la terre et soumettez-la. Dominez sur les poissons de la mer, sur les oiseaux du ciel et sur tout animal qui rampe sur la terre[31] ».

Un couple sans enfant ne peut divorcer, car Dieu unit l'homme et la femme. La progéniture est la conséquence de cette union, si Dieu décide d'en donne

---

[29] Proverbes 5 :18-19
[30] Cantiques 2 :3-17
[31] Genèse 1 :28

III.2 Comment vivre une sexualité épanouie

Une sexualité épanouie est celle qui est scellée par le mariage. Le rapport sexuel se fait à un moment favorable et préparé dans la prière car l'Eternel Dieu étant l'auteur de la sexualité à tout ce qu'il faut pour que cette sexualité soit réussie.

Du point de vue fréquence, cela dépend des couples selon leur accord. La maitrise de soi est importante pour éviter l'exagération, chacun cherchant le bonheur de l'autre, la meilleure position est celle admise par le couple selon ses réalités.

On évitera les positions qui diminuent l'autre ou qui étouffent l'autre si l'un des conjoints a une grande masse. La monotonie et la routine nuisent aussi le plaisir sexuel.

Les belles paroles amoureuses et encourageantes sont utiles car les femmes aiment bien écouter (elles ont des longues oreilles). La tenue de la femme doit exciter l'homme c'est-à-dire qu'une robe transparente, avec des beaux dessins attirants et séduisants, des beaux sous-vêtements, car les hommes ont de gros yeux.

La disposition de la chambre, le décor, même la position du lit, les rideaux doivent changer d'un jour à l'autre ou d'une semaine à l'autre, selon les moyens financiers que dispose le couple.

Concernant l'acte sexuel proprement dit, il se déroule en trois phases différentes.

- La phase avant l'acte

La femme prend plus de temps que l'homme avant de s'exciter. C'est pourquoi les baisers, les caresses dans les zones érogènes sont très utiles. L'homme doit être patient et prendre tout son temps à ramener sa femme à son niveau d'excitation.

- Pendant l'acte sexuel

Les deux conjoints doivent éviter ce qui peut perturber le bon déroulement de l'acte (lit inconfortable, chambre encombrante et non aérée, mauvais cloisonnage des pièces qui peuvent communiquer avec les voisins).

La femme doit exécuter des mouvements de rotations et l'homme doit suivre le rythme, pas des cris désagréables. Ces mouvements exécutés par la femme peuvent décrire les chiffres tels que : deux, trois, huit etc.

C'est vraiment une compétition, une fête, un diner. Chacun cherche à faire plaisir à l'autre. Si les deux conjoints atteignent l'orgasme, ce contact ou rapport sexuel a réussi.

• Après l'acte

C'est le moment de dire merci à Dieu d'abord, ensuite à son partenaire et de faire l'évaluation pour améliorer la prochaine rencontre.

III.4 Quelques conseils pratiques relatifs à l'acte sexuel

- Il faut apprendre le plus possible dans ce domaine de sexualité en assistant aux séminaires, écoutant les témoignages des ainés (chrétiens), lisant des livres chrétiens qui abordent ce sujet.
- Prendre du temps dans le dialogue entre époux au sujet de ce domaine pour découvrir ce qui excite votre conjoint le plus et comment arrive-t-elle à l'orgasme.
- Eviter les odeurs désagréables c'est pourquoi les époux doivent se laver avant de dormir et se brosser les dents aussi la nuit.
- Se communiquer librement par des propos amoureux sans faire des promesses.
- Ne pas se gêner d'être nu devant son conjoint.

Appendice : VOICI LES SIX FAÇONS DE DIRE JE T'AIME (De ROGER HOUTSMA)

1. Les choses matérielles

Elles communiquent l'engagement, certains pensent que les cadeaux ne sont pas spirituels et donc sans importance, la vérité est que c'est une expression d'amour tangible.
Quand elle est choisie et faite avec un esprit bien disposé, elle peut être un souvenir précieux de l'amour au sein du mariage[32].

Offrir un cadeau dans la vie conjugale exprime l'amour, un grand attachement dans le couple, ça signifie aussi que je t'aime, quel que soit la durée de la vie conjugale, la vie du couple se renouvellera toujours à cause des bons actes qu'on pose, pas seulement dans les anniversaires, mais à tout moment.

C'est pourquoi quand il y a des différends entre époux, commencer par demander pardon ou réparer d'abord au lieu d'amener un cadeau pour la circonstance afin de tenter d'effacer ou faire oublier la faute commise, un tel cadeau ne sera pas le bienvenu.

[32] Luc 7 :36-50 et 1 Timothée 5:8

2. Aider

Au foyer chrétien, il devait y avoir un libre courant des soins réciproques qui se voit à l'aide mutuel : faire la vaisselle, changer les linges du bébé, faire la cuisine, les choses pratiques et d'autres façons d'aider. Tous ces soins expriment l'amour, comme illustration de telles bonnes œuvres[33].
Temps

Dans un bon foyer chrétien, le mari s'efforce de passer du temps avec sa femme, cela marque sa présence permanente au foyer pour témoigner son attachement à sa femme. Il faut avoir du temps à passer ensemble avec l'époux ou l'épouse dans le foyer.

3. Parler et écouter

Faire autant attention à l'autre que l'on se fait à soi-même. Dieu a donné aux humains, la faculté du discours et la volonté de l'utiliser pour mieux communiquer, c'est une base pour le couple chrétien.

Le respect mutuel croît du fait que chaque partenaire prête attention sur quoi il s'ouvre davantage.

[33] Luc 10 :30-37

Dans le livre des Proverbes est dit : « celui qui répond avant d'avoir écouté fait un acte de folie et attire la confusion[34] ». Et L'apôtre Jacques dit encore que : « Sachez-le, mes frères bien- aimés. Ainsi, que tout homme soit prompt à écouter, lent à parler, lent à se mettre en colère[35] » finalement Ephésiens, nous dit : « Qu'il ne sorte de votre bouche aucune parole mauvaise, mais, s'il y a lieu, quelque bonne parole, qui serve à l'édification et communique une grâce à ceux qui l'entendent[36]

4. Toucher

Ce n'est pas nécessairement l'acte sexuel. C'est simplement toucher. La simple affection, un contact qui dit : je suis avec toi, lier à toi, soucieux, intéressé à me rapprocher de toi.

Marc stipules que : « On lui amena des petits enfants, afin qu'il les touchât. Mais les disciples reprirent ceux qui les amenaient[37]. »

5. Parole d'amour qui rassure (Paroles dites vraiment à cœur)

Dire vraiment ce qu'on a à cœur parole d'amour qui rassure. L'épitre aux Colossiens, nous enseigne ceci

[34] Proverbes 18 :13
[35] Jacques 1 :19
[36] Ephésiens 4 :29
[37] Marc 10 :13

: « Que votre parole soit toujours accompagnée de grâce, assaisonnée de sel, afin que vous sachiez comment il faut répondre à chacun[38]

Bref, ces six façons ne sont efficaces que quand elles sont mises en pratique par un cœur bien disposé. Ce n'est pas une méthode mais une disposition d'amour.

[38] Colossiens 4 :6

CONCLUSION

Les ainés dans le mariage ont le devoir d'encadrer la jeunesse qui fait preuve de bon témoignage pour l'encourager à les rejoindre. Leur encadrement par le parrainage permet à cette jeunesse de se préparer pour bien vivre ce mariage.

Nous avons souhaité partager le thème central sur L'HARMONIE CONJUGALE qui est le seul moyen par lequel les conjoints mettent en évidence l'amour agapè Les liens conjugaux sont particulièrement forts quand ils sont scellés non seulement par l'amour que les conjoints éprouvent l'un à l'autre, mais surtout par l'amour qu'ils ont pour Dieu c'est-à-dire l'attachement pour Dieu.

Et l'église devait profiter de tels couples pour son épanouissement. L'harmonie conjugale conduit à un ministère puissant et reflète la présence de Dieu. Car dit-on derrière un grand homme, il y a une grande dame.

Cet ouvrage servira comme guide aux parrains ou conseillers conjugaux pour l'encadrement de la jeunesse qui se prépare au mariage ou les nouveaux mariés.

Références

Copulations de plusieurs enseignements du révérend Docteur SITA LUEMBA

Mosaïque 2 ; lien de prière.

René LAFRAMBOISE, la complicité dans le couple (édition lien de prière)

Révérend Pasteur Louvain MATUDIDI LUYALU enseignement sur le parrainage.

ROGER HOUTSMA dans son syllabus Introduction au conseil pastoral, Edition 1995 printed in India par Archana ».

Printed by Books on Demand GmbH, Norderstedt / Germany